L'état d'esprit d'un Guerrier

Stratégies pour Cultiver une Mentalité Invincible et surmonter Toutes les Épreuves d'un guerrier sans peur

Harmony Edition

Table des matières

Chapitre 1 : Présentation de la mentalité du guerrier

Avez-vous déjà eu l'impression que la vie est dure ? Comme si ça pouvait parfois être difficile de vous lever le matin et faites tous les choses que tu dois faire ? Est-ce qu'il t'est déjà arrivé de te réveiller en sentant constamment fatigué et stressé ? Fait la vie vous semble trop dure ? Bien sûr, je comprends. Vous avez beaucoup de travail à faire. Vous avez peut-être des dettes. Peut-être que tu es fatigué du shopping et peut-être avez-vous mal au ventre. Pensez maintenant à un vrai guerrier. Pensez à quelqu'un qui dort dans la rue, sans savoir s'il va mourir ou non. Au cours de la nuit. Puis ils se réveillent, pas le temps de prendre une douche ou un bon petit-déjeuner, et ils passent directement à l'action. Ils ignorent leurs blessures, ils prennent des vies et ils voient leurs amis et leurs frères d'armes ont été abattus sous leurs yeux. Mais non, je comprends. Vous êtes fatigué. Tu as dû travailler jusqu'à 18h hier soir… Ce que je veux dire, c'est que ta vie n'est pas vraiment dure. Vous pourriez penser que c'est difficile et parfois, cela peut sembler difficile. Mais il y a des gens là-bas avec bien pire vit que toi. Il y a du monde dehors là-bas qui vivent avec une maladie invalidante et pas deux centimes à se frotter. Et beaucoup d'ils le font avec une dignité, une grâce et un courage qui nous font honte à tous. Vous voyez, la mentalité du guerrier n'a en réalité rien à voir avec le combat. En fait, le les hooligans qui déclenchent des bagarres dans les bars et qui pensent qu'ils sont « difficiles » à déclencher des bagarres sont à peu près aussi loin des vrais guerriers que possible. Demandez à tous ceux qui ont vu de vrais combats s'ils voudraient risquer leur santé et gaspiller leur énergie regarder pour des ennuis. La mentalité du guerrier est différente. Il s'agit de savoir ce que vous voulez et d'y aller. Il s'agit d'être dur et il s'agit de ne pas se laisser abattre par de petites choses. Il s'agit d'aller de l'avant avec ce que vous savez être juste et il s'agit d'assumer la responsabilité et les difficultés sur vos épaules avec dignité et fierté. Il s'agit de ne pas laisser ton les émotions prennent le dessus sur vous et il s'agit de ne pas prendre le dessus réponse facile ou le facile itinéraire pour résoudre vos problèmes.

Qu'est-ce que la mentalité du guerrier ?

La mentalité du guerrier est différente. Ce c'est savoir ce que tu veux et allez-y. Il s'agit d'être dur et il s'agit de ne pas laisser les petites choses arriver tu es à terre. Il s'agit d'aller de l'avant avec ce que tu sais être juste et c'est sur le fait d'assumer la responsabilité et les difficultés sur vos épaules avec dignité et fierté. Il s'agit de ne pas laisser ton les émotions prennent le dessus sur vous et il s'agit de ne pas prendre le dessus réponse facile ou le facile itinéraire pour résoudre vos problèmes. Alors d'où viennent ce titre et cette approche ? Quelle est la théorie derrière l'état d'esprit du guerrier ? Bien sûr, cela vient de notre image romantique du guerrier et des histoires de guerriers de l'histoire. Cela vient des récits de nos hommes et femmes les plus courageux qui mené de véritables batailles tout en gardant la tête froide, en se sacrifiant pour les autres et faire des choses incroyables. Or, nous savons tous qu'en réalité, tous les guerriers ne correspondent pas à ce moule. Pour chaque héroïque individu qui s'est mis dans la ligne de mire, il y en aurait eu des centaines plus de soldats qui se plaignaient, qui étaient là pour de mauvaises raisons, ou qui ne se soucierait pas des autres. La guerre romancée est en fait une terrible idée – c'est une situation vraiment horrible et très peu de gens se sentent comme des « guerriers » quand ils sont confrontés au feu ennemi. Mais c'est cette image du « guerrier » idéal que nous regardons ici. Et chez notre notion des plus grands guerriers de l'histoire comme les samouraïs ou les Spartiates. Le fait est que certaines personnes parviennent à rester calmes et calmes, même dans les pires situations. Certaines personnes vont constamment de l'avant et ne pas permettre petit des inconvénients ou un manque de confort les gênent. Et ces gens ont mis nous avoir honte. Ces gens donnent l'impression que nos plaintes sont très mineures en effet. Imaginez maintenant si vous pouviez adopter ce même état d'esprit et l'appliquer à la vie moderne. Plutôt de vous fatiguer ou de vous enliser, au lieu d'être distrait et tenté, vous au lieu de cela, avancez avec une mentalité imparable et à toute épreuve. Vos ennemis trembleraient en sachant qu'ils ne pouvaient rien faire pour vous arrêter, vous et votre les obstacles de carrière, les objectifs relationnels et les plans financiers s'effondreraient tous sous votre volonté. Si vous appliquez une volonté de fer et une mentalité de guerrier à un style de vie moderne, vous obtenez un résultat extrême. Efficacité, détermination et fierté. Autodiscipline, détermination et autonomie la suffisance sont des traits qui nous rendent forts et qui nous aident à obtenir ce que nous voulons. Ils sont des traits qui font de nous de bons parents, de bons amis et de bons partenaires. Ce sont des traits qui nous aident à vivre avec nous-mêmes et à gagner le respect et l'admiration des autres. Imaginez si vous aviez la force mentale de rester assis sous une douche glaciale pendant des heures.

Imaginez si vous n'étiez pas confronté à des situations mettant votre vie en danger. Prenez ces traits puis les confronter à l'absolument misérable défis auxquels la plupart d'entre nous sont confrontés aujourd'hui. Ils tomberaient

comme des dominos. Avoir un état d'esprit de guerrier et vivre la vie moderne, c'est comme avoir des muscles gonflés et devoir soulever 5 kg. Développement l'état d'esprit de ce guerrier est comme un entraînement pour votre esprit, votre philosophie et votre âme.
Cela vous ferai inarrêtable.

Chapitre 2 : Le but – Ce qu'il faut pour être un guerrier

Alors, quels sont les principes de la mentalité guerrière ? Quels mots pouvons-nous utiliser pour décrire le guerrier moderne ? En voici quelques-uns : - - - - - - - - - - - - - - - Courageux Auto-discipliné Fondé sur des principes Forte volonté Gentil Orienté vers la croissance Autosuffisance Protecteur Le sacrifice de soi Calme Responsable Motivant, inspirant, charismatique noble Puissant Modeste (mais pas nécessairement humble) Ce ne sont là que quelques-unes des caractéristiques qu'un vrai guerrier devrait rechercher. Voici quelques-uns des choses que nous chercherons à cultiver et à mieux comprendre tout au long de cette livre. Une autre excellente description d'un guerrier vient d'une source improbable : le film de Disney. Mulan. Ces citations sont tirées de la chanson « I'll Make a Man Out of You » mais en fait, elles peuvent s'appliquer également à une femme. Oh, et au cas où tu ne voudrais pas tirer des leçons de chevalerie d'un film de Disney, considérez le fait que Jackie Chan a chanté la version chinoise de la chanson. Il est l'un des les vrais guerriers de la vie, alors peut-être que cela lui donne juste un peu plus de poids… Tranquille comme une forêt Mais en feu à l'intérieur. Une fois que vous avez trouvé votre centre Vous êtes sûr de gagner. Nous devons être rapides comme une rivière qui coule Avec toute la force d'un grand typhon Avec toute la force d'un feu qui fait rage Mystérieux comme la face cachée de la lune Immobile et calme à l'extérieur donc, mais avec une grande puissance et une grande force à l'intérieur. Non pas motivé par une impulsion ou un caprice, mais par un objectif plus important. Ne jamais se plier à la volonté des autres et ne jamais abandonner quand les choses se compliquent. C'est l'esprit guerrier.

Des moments où tu n'étais pas un guerrier

Vous ne vivez probablement pas sur le champ de bataille et vous avec un peu de chance je n'aurai jamais besoin pour voir des combats (même si ce livre garantira que vous êtes prêt au cas où vous auriez un jour faire). Mais il existe de nombreuses façons pour le guerrier cet état d'esprit s'appliquera également dans votre vie de tous les jours et de nombreuses occasions de démontrer ce qu'il faut être un guerrier. La façon la plus simple d'envisager cette question est peut-être de regarder à tous ces moments où tu n'étais pas un guerrier dans ta vie. Ce sont les moments où ta peur, votre colère ou votre manque de motivation et la volonté a eu raison de vous. Considère ceci : -
Vous vous réveillez le matin et réalisez que votre chemise préférée est déchirée, vous dépensez le reste de la journée en colère contre tout le monde, boudant et ne se concentrant pas sur votre travail. Ce tout petit inconvénient a ruiné votre capacité à rester productif et cela a fait que d'autres personnes se sentent mal. Il pleut alors vous annulez votre projet de rendre visite à votre ami plus loin, qui, vous le savez, attendait avec impatience cette rencontre.
Vous essayez de perdre du poids mais vous manquez d'énergie et vous mangez donc beaucoup part de gâteau. Un ami s'évanouit lors d'une fête et au lieu de rester calme et de suivre un bon protocole pour s'assurer qu'ils vont bien, à la place, tu te mets en colère, tu cries dessus tout le monde et aggraver les choses. Votre patron a besoin que vous accomplissiez une mission avant de rentrer chez vous. Toi vous n'aimez pas l'idée de rester plus tard et vous vous sentez fatigué alors vous vous précipitez et mettez-en moins que votre meilleur travail. Cela fait des années que vous dites à vos amis que vous allez écrire un livre et que vous rêvez de devenir un auteur publié. Vous rentrez chez vous et le La première chose que vous faites est de vous asseoir sur le canapé et de regarder une télé trash. - - - - - - Vous cassez un verre dans la cuisine et quand votre partenaire vous demande qui a fait ça, vous blâmez votre ami qui était là l'autre jour. Vous avez une altercation physique avec quelqu'un dans la rue et vous vous enfuyez – laisser vos amis ou votre famille faire face seule au danger. Vous montez dans un train et au lieu de laisser monter la vieille dame devant de vous, vous avancez. Vos amis vous poussent à fumer de l'herbe et vous accusent de ce n'est pas amusant. Fumer de l'herbe est quelque chose qui ne vous intéresse pas situation hypothétique mais vous vous laissez convaincre par peur de paraissant boiteux. Vous êtes marié et heureux lorsqu'une femme/un homme attirant part toi. Vous cédez à votre impulsion momentanée et vous couchez avec eux, détruire efficacement votre relation non seulement avec votre partenaire mais aussi avec votre les enfants aussi. Vous êtes malheureux dans votre relation ou votre travail mais vous y restez parce que vous vous n'avez pas le cœur de le dire à la personne ou vous

avez trop peur de l'avenir pourrait apporter. - - - - - Certains de ces exemples sont plus extrêmes que d'autres. Bien sûr, il y a une grande différence entre manger de la glace quand on ne devrait vraiment pas et se laisser influencer discours de haine ! Et parfois, il est normal de perdre son sang-froid. Mais même si ces points peuvent tous paraître très différents, ils proviennent essentiellement de la même chose : la faiblesse. La faiblesse est souvent la source de nos problèmes et même du mal. La faiblesse signifie céder à des choses dont nous savons qu'elles ne sont pas bonnes, ou trouver des excuses et reporter nos objectifs. Voyons maintenant comment quelqu'un fort pourrait aborder les mêmes problèmes : - Vous vous réveillez le matin et réalisez que votre chemise préférée est déchirée. Tu hausses les épaules et porter autre chose, reconnaissant qu'il s'agit d'un très petit problème dans le grand schéma des choses ! - Il pleut et vous n'avez pas envie de sortir. Mais tu sais que c'est la bonne chose à faire, alors vous vous levez et vous partez. Vous essayez de perdre du poids mais vous manquez d'énergie. Tu creuses profondément, tu trouves ça tirez à l'intérieur et dirigez-vous vers la salle de sport. Un ami s'évanouit lors d'une fête et vous restez calme, cool et serein. Vous attribuez des emplois aux gens et vérifiez qu'ils vont bien. Votre patron a besoin que vous accomplissiez une mission avant de rentrer chez vous. Toi vous n'aimez pas l'idée de rester plus tard et vous vous sentez fatigué mais vous terminez le travaillez néanmoins au mieux de vos capacités. Vous parlez à votre patron de je ne vous remets pas dans cette position. Cela fait des années que vous dites à vos amis que vous allez écrire un livre et que vous rêvez de devenir un auteur publié. Vous rentrez chez vous et décidez écrire deux pages par nuit. Vous cassez un verre dans la cuisine et quand votre partenaire vous demande qui a fait ça, vous assumer et faire face aux conséquences. Vous avez une altercation physique avec quelqu'un dans la rue. Vous vous assurez votre famille et vos amis sont en sécurité tout en essayant de calmer la situation du mieux que vous pouvez peut. Vous montez dans un train et vous toujours arrêtez-vous pour laisser passer la vieille dame en premier. Et le vieil homme. Et tous ceux qui étaient là en premier. Vos amis vous poussent à fumer de l'herbe et vous accusent de ce n'est pas amusant. Si tu veux, tu le fais. Si vous ne le faites pas, vous ne le faites pas. Vous êtes marié et heureux lorsqu'une femme/un homme attirant part toi. Vous contrôlez vos sentiments, vous les rejetez donc. Vous êtes malheureux dans votre relation ou votre travail, alors vous discutez de ce malheur avec l'autre partie et chercher des moyens d'améliorer la situation. Ça devrait signifie trouver un nouvel emploi ou mettre fin à la relation, mais c'est mieux que le traîner. - - - - - - - - - - Le guerrier est fort mentalement et physiquement, ce qui lui permet de rester fidèle à son code d'éthique et à travailler à la réalisation de leur vision d'un avenir meilleur – au lieu de faire ce qui leur fait du bien à court terme. En fin de compte, cela conduit à un bien plus grand bonheur, à une bien plus grande paix et à bien plus encore. Une plus grande fierté. Et pas seulement pour vous, mais pour tous ceux qui vous entourent.

Chapitre 3 : Le feu intérieur

Cette phrase, le « feu intérieur » est celle qui en dit long sur le guerrier état d'esprit. Et ça rappelle les paroles d'une autre chanson : 'Hearts On Fire' du (excellent) groupe Survivor. Une superbe phrase de cette chanson dit : Dans le code du guerrier, il n'y a pas se rendre Même si son corps dit stop, son esprit crie : « Jamais ! Alors, qu'est-ce que cela nous apprend sur la mentalité guerrière ? C'est simple : les guerriers n'abandonnent pas et ils ne cèdent pas. (J'apprécie aussi la réplique de Végéta :tu as peut-être envahi mon esprit et mon corps mais il y en a un chose qu'un Saiyan garde toujours… sa fierté !) Alors, comment obtenez-vous ce genre de volonté et de détermination de fer ? Comment développer la capacité imparable à ne jamais abandonner ? Cela commence par savoir ce que vous voulez réaliser et par avoir votre propre ensemble des principes. Utiliser encore une autre citation, Alice Cooper et Xzibit ont chanté : Si vous ne défendez pas quelque chose, vous tomberez dans n'importe quoi Et c'est tout à fait vrai. Si vous n'avez pas d'objectif spécifique ni d'ensemble de valeurs, c'est entièrement vôtre, alors comment peut-on s'attendre à ce que vous vous en teniez strictement à ces valeurs ? Si vous n'avez pas défini qui vous êtes, ce que vous représentez et ce qui est important pour vous, alors bien sûr il sera facile de se laisser tenter par la bonne bouffe, la télé trash ou autres "faciles" options'. Bien entendu, il vous sera facile de vous laisser influencer par l'influence et les politique des autres. De plus, avoir un objectif est ce qui vous donnera la motivation et l'énergie pour vous relever et travaillez vers les choses qui vous passionnent vraiment. Pensez à quelqu'un comme Arnold Schwarzenegger ou Dwayne Johnson. Ceux-ci sont des gens qui ont accompli des choses incroyables et cela s'explique en partie par sans aucun doute leur énergie apparemment infinie. Leur capacité à se lever chaque jour et savoir ce qu'ils veulent faire. Peux-tu imaginer voir le Rocher avoir l'air fatigué et déprimé ? Avez-vous déjà vu Arnold Schwarzenegger a l'air indifférent ou ennuyé ? Ces gens ont une énergie infatigable mais elle vient d'une vision et d'un objectif. Et c'est comme ça avec toutes les personnes les plus accomplies de l'histoire. Arnie a dit ceci à propos de son désir ardent et de la manière dont cela l'a amené à atteindre ses objectifs : Avec mon désir et mon dynamisme, je n'étais définitivement pas normal. Les gens normaux peuvent être heureux d'une vie régulière. J'étais différent. Je sentais qu'il y avait plus dans la vie que traversant péniblement une existence normale... J'ai toujours été impressionné par des histoires de grandeur et de pouvoir. Je voulais faire quelque chose de spécial, être reconnu comme le meilleur. J'ai vu la musculation comme le véhicule qui m'emmènerait jusqu'au sommet, et j'y mets toute mon énergie. Le fait est que savoir ce que vous attendez de la vie vous alimentera en énergie, que ce soit c'est vouloir ce qu'il y a de mieux pour sa famille, vouloir réaliser des réalisations créatives, vouloir atteindre un certain point dans sa carrière… etc. Pensez à un nouveau parent. Les parents ont une énergie apparemment infinie et sont prêts à faire des sacrifices leur sommeil, leurs finances et leur bonheur de s'occuper de leurs enfants. Ils peuvent accomplir quoi que ce soit parce qu'ils ont trouvé quelque chose de plus grand qu'eux-mêmes. L'amour d'un parent lui donnera cet état d'esprit de guerrier, mais on ne peut pas compter uniquement sur cela. Afin d'accomplir le maximum et de construire le meilleur monde pour votre famille et amis, vous avez aussi besoin de quelque chose qui soit intrinsèquement motivant pour vous. En d'autre En d'autres termes, vous avez besoin d'un but et d'un objectif qui ne dépendent de personne d'autre – de sorte que même quand personne n'a besoin de toi, tu as encore la force de te sortir du lit et de refuser les distractions et les désirs inutiles. Une fois que vous avez votre objectif, vous trouverez une passion. Et une fois que tu as une passion, tu constateras que vous avez une énergie et un dynamisme infinis et que vous parlez même avec plus conviction et un plus grand charisme. Saviez-vous qu'on gesticule davantage quand on parle de quelque chose qui nous préoccupe passionner de ? C'est parce que nous parlons désormais avec notre corps tout entier – notre le langage corporel est conforme à ce que nous disons. Et saviez-vous que lorsque les gens nous voient parler de cette façon, ils nous considèrent comme plus charismatique ? Plus inspirant ? Et de meilleurs dirigeants ? Lorsque nous croyons vraiment en ce que nous disons, nous serons plus efficaces pour obtenir autres pour le croire. C'est ainsi que naissent les mouvements et cela nous rend bien plus attrayant et magnétique. Et avec votre but et votre objectif, vous serez mieux à même de prendre des décisions et pour éviter les distractions inutiles. Vous serez plus décisif et vous serez plus impressionnant. Pourquoi ? Parce que vous pouvez considérer chaque décision à travers les éléments suivants lens : « est-ce que cela m'aide à atteindre mes objectifs » ? Si la réponse est non, alors vous le faites autre chose. Quel cheminement de carrière devriez-vous suivre ? Celui qui vous aide à réaliser votre objectif général. Pour quel parti faut-il voter ? Celui qui vous aide à vous épanouir votre vision. Les objectifs et les guerriers Le but est d'avoir quelque chose c'est plus grand que toi – quelque chose mérite d'être défendue. Cette détermination est quelque chose qui était au cœur de la psychologie de tous les plus grands guerriers de l'histoire, même s'il a fallu une forme très différente. Historiquement, vous aviez vos samouraïs et vos chevaliers. UN La formation des samouraïs a fait l'objet de grandes mesures pour garantir leur loyauté envers un « shogun » (un maître samouraï). Ils seraient prêts à mourir pour leur shogun, tout comme un chevalier du roi. Serait prêt à mourir pour le roi et pour la patrie. Mais aujourd'hui, c'est une réflexion dangereuse. Nous sommes tous conscients que nos politiciens sont imparfaits et nous avons vu à quel point suivre aveuglément un leader ou un ensemble de croyances peut mener à de terribles atrocités. Donc, ce que nous devons faire à la place, c'est créer notre propre ensemble de valeurs et de principes. Des règles à respecter et un objectif ou une vision à atteindre. Cela peut changer mais nous ne devons jamais laissez les autres nous forcer à agir contre notre code. Malheureusement, il n'existe pas de manière objectivement « correcte » d'aborder la vie. Nous ne savons pas pourquoi la réalité existe, qu'est-ce qui nous attend de l'autre côté (le cas échéant) ou qu'est-ce que le sens de la vie est. Il appartient donc à chacun de faire son propre chemin en évaluant nos propres valeurs, principes et règles de vie.

Trouver votre objectif

Alors commençons par trouver un objectif, quelque chose de plus grand que toi pour lutter vers. Un objectif dans lequel vous serez un instrument pour accomplir. Cela pourrait donc signifier que vous vous êtes mis à changer le monde pour le mieux. Peut-être que tu veux mettre fin au monde faim, peut-être souhaitez-vous contribuer à ralentir le réchauffement climatique, ou peut-être êtes-vous intéressé à devenir une rock star ou un musicien. Peut-être que vous voulez juste devenir riche. Aucun objectif n'est « mauvais », il s'agit simplement d'avoir un objectif et quelque chose qui nous passionne. Cela vous donnera le carburant et le feu nécessaires pour continuer quoi qu'il arrive. Objectifs commencer avec des visions. Alors visualisez comment vous voulez que la vie soit de 5 ou 10 ans pendant maintenant. Imaginez où vous êtes, quel est votre environnement, avec qui vous êtes, quoi vous avez accompli. Cela devrait être une vision qui vous enthousiasme et vous donne de l'énergie – ta vie parfaite. Pour vous inspirer, pensez aux moments de votre vie où vous avez été les plus heureux, réfléchissez à ce que vous vouliez être quand vous étiez enfant et imaginez certains de vos modèles et ce que vous pouvez peut-être apprendre d'eux. C'est ce que vous imaginerez pour vous conduire vers le changement et vers grandeur. C'est ce qui vous fera sortir du lit le matin. Et puis en plus cela, vous allez vous structurer des objectifs – des étapes plus petites et plus mesurables qui vous aidera à atteindre ce point.

Créer votre propre code d'éthique

En plus de cela, vous construirez votre propre code d'éthique. Votre idée de ce que vous considérez « bien vivre » et « faire ce qu'il faut ». Encore une fois, il n'est pas nécessaire que ce soit votre ensemble de règles conventionnelles. Il se pourrait que tu Je ne suis pas d'accord avec certains aspects de la loi. Certains philosophes célèbres sont connus pour des points de vue qui s'écartent des idées conventionnelles sur l'éthique et la moralité. Prenez Ayn Rand par exemple, qui pensait que la moralité vient de ce qui les fait le plus heureux. Dit-elle : L'homme n'a pas de code automatique de survie…. Ses sens ne lui disent pas automatiquement ce qui est bon ou mauvais pour lui, ce qui profitera à sa vie ou le mettre en danger, quels objectifs il doit poursuivre et quels moyens pour les atteindre, de quelles valeurs dépend sa vie, quelle ligne de conduite cela nécessite. L'homme doit choisir ses actions, ses valeurs et ses objectifs selon la norme de ce qui est propre à l'homme - afin d'atteindre, de maintenir, d'accomplir et de jouir de cette valeur ultime, fin en soi, qui est sa propre vie. Elle croyait que la moralité individuelle devrait être basée sur ce qui fait que cet individu le plus heureux. Cela signifie travailler sur des choses que vous aimez, vous améliorer et protéger ceux qui vous sont chers… qui, à leur tour, vous rendent plus heureux. Rand suggérerait que nous devrions prendre soin de nos familles et de nos proches, poursuivre nos passions et notre développement personnel et ainsi contribuer à la société. Peu importe toi croyez que votre code l'est, vous l'écrivez et vous vous engagez ensuite à vous y tenir ce code. De cette façon, vous ne serez pas convaincu par d'autres personnes, vous pourrez combattez pour vos valeurs et les gens sauront où ils en sont avec vous. Cela dit, vous ne devez pas non plus avoir peur d'évoluer et d'adapter vos idées au fil du temps. Que C'est pourquoi il est si important de continuer à lire et à apprendre. Restez à jour avec la politique et ce qui se passe dans le monde, lisez la philosophie et réévaluez vos valeurs. Il n'y a aucune valeur à s'en tenir indéfiniment à un ensemble d'objectifs ou de principes et à refuser de les réaborder, car cela devient finalement un « mensonge » autant que n'importe quel autre Vous ne devriez pas voter d'une certaine manière parce que vous avez toujours voté d'une certaine manière. Et vous ne devriez pas avoir peur de réévaluer ce que vous pensez de certains aspects de votre code. Le fait est que vous n'enfreindrez pas votre code de conduite tant qu'il existe. Tu as normes à respecter et le simple fait de les respecter fera de vous un être plus fort, individu plus courageux et plus impressionnant. Et notez que dans le scénario idéal, il devrait y avoir une certaine interaction entre ce qui vous croyez, votre code d'éthique personnel, vos objectifs et vos opinions politiques. J'espère que vous avez une vision de la direction que devrait prendre le monde, de ce que vous pensez la vie devrait être comme. Vos objectifs sont là pour vous aider à y parvenir, tandis que votre code de l'éthique doit également veiller à ce que vous ne manquiez pas les arbres de la forêt. Tout cela fait que vous devenez une personne qui sait ce qu'elle croit et qui se connaît. Et quand tu sauras cela, tu seras de plus en plus grand individu puissant.

Chapitre 4 : Surmonter la peur

Quand on pense à l'archétype guerrier, nous serons presque certainement je pense sûrement à quelqu'un qui est courageux, courageux et apparemment intrépide. C'est le genre de personne qui entrera dans la ligne de mire. Cela dénoncera l'injustice, qui affrontera des ennemis bien plus grands qu'eux. Dans nos vies personnelles, il n'y a pas de vrais dragons à tuer. Au contraire, ils assument de nombreuses d'autres formes, qu'il s'agisse de maladie, de dette ou de J'ai du mal à aller à la salle de sport tous les jours...

Comment utiliser « Réglage de la peur »

Si vous aimez lire de la littérature d'auto-assistance alors il y a de fortes chances qu'à un moment donné, vous le ferez avez écrit vos objectifs. C'est quelque chose que presque tous les gourous semblent penser conseiller et que de nombreuses réclamations peuvent vous aider à réaliser vos rêves en les définissant et en les visualisant mieux. Mais dans celui de Tim Ferriss Semaine de travail de 4 heures ce conseil est quelque peu renversé. Bien que Tim n'ait pas nécessairement de problème avec la définition d'objectifs en soi, il recommande de faire essentiellement le contraire en « mettant en place la peur ». Et il prétend que ça peut le faire bien plus que l'établissement d'objectifs lorsqu'il s'agit d'atteindre vos objectifs et d'obtenir plus de la vie…

Qu'est-ce que le réglage de la peur ? L'idée générale derrière la peur le paramètre est que vous définissez les peurs qui te retiennent revenez pour que vous puissiez y faire face. Dans la plupart des cas, Tim postule qu'après avoir fait cela, tu trouveras que tes peurs sont en réalité relativement infondées et donc avancera et les dépassera. Normalement, nos peurs sont celles d'un phénomène négatif « irréversible ». Des résultats, mais en réalité ceux-ci sont plus rares qu'on pourrait le penser… Donc, ce que vous faites, c'est écrire les pires résultats possibles en faisant quoi que vous vouliez faire, puis écrivez toutes les façons dont vous feriez face aux situations ou éventuellement l'inverser. Un exemple : changer de carrière Prenons comme exemple le changement de carrière. C'est quelque chose que beaucoup de gens je veux faire, mais je me sens freiné par la peur de t répercussions potentielles. En définissant ceux cependant, vous pouvez minimiser leur puissance. Donc, si vous deviez noter les pires conséquences possibles d'un changement carrières, cela pourrait bien ressembler à ceci :

• Il se peut que je quitte mon emploi et que je ne parvienne pas à en trouver un autre.

• Je pourrais être incapable de payer l'hypothèque et donc être obligé de déménager

• Cela pourrait tellement contrarier mon partenaire qu'il me quitte

• Je pourrais obtenir le travail que je pense vouloir et découvrir que je le déteste plus que mon dernier emploi.

• Je pourrais postuler à d'autres emplois et être rejeté par tout le monde et finir par endommager mon ego

Ce sont toutes de réelles préoccupations, mais maintenant, si vous réfléchissez à toutes les façons dont vous pouvez gérer risquez et réduisez les impacts de ces résultats négatifs, vous constaterez que vos craintes ne le sont pas tout cela a fondé…

• Je peux chercher un emploi sans quitter mon emploi actuel pour éviter le risque de chômage. Personne ne doit le savoir.

• Ce sera aussi beaucoup moins téméraire aux yeux de mon partenaire.

• Alternativement, je pourrais parler de mes problèmes à mon patron et voir s'il y a sont d'autres postes au sein de mon organisation.

• Si je me retrouve sans travail, je pourrais toujours parler à mon ancien patron de la possibilité d'obtenir mon travail revient/travaille dans un supermarché pendant que je cherche un autre travail/travaille pour papa/vis de d'économies pour quelques mois/retourner à la maison avec les parents !

• Si mon partenaire me quitte pour essayer de devenir plus heureux, je dois réévaluer cette relation

• Si je n'aime pas le travail que je trouverai ensuite, je me sentirai plus en confiance à propos de mon travail. Chasser à nouveau à l'avenir.

• Si j'ai du mal à être accepté n'importe où, je peux travailler sur mon entretien technique/améliorer mon CV/chercher une orientation professionnelle. Tout cela sera utile expériences de toute façon. Comme vous pouvez le constater, le pire des scénarios n'est probablement pas aussi grave qu'il y paraît : peut simplement signifier vivre avec ses économies pendant un certain temps ou faire un petit pas en arrière afin de faire deux avances. De même, comme il existe de nombreuses façons de minimiser le risque des choses qui vont mal, il est en fait très peu probable que vous vous retrouviez dans ces postes de toute façon. Dans La semaine de travail de 4 heures Tim donne également un autre conseil que je trouve très pertinent ici : ne demandez pas la permission, demandez pardon. Adoptez cette attitude et décrivez vos peurs et vous êtes sur la bonne voie vers une version plus heureuse de vous-même ainsi que vers accomplir bien plus.

Stoïcisme et mentalité de guerrier

Les idées de Tim Ferriss peuvent sembler uniques mais en fait, il dit lui-même qu'il est inspiré par la philosophie ancienne et spécifiquement, par les idées des anciens Les stoïciens. Le stoïcisme est une école d'une philosophie qui remonte à loin au 3rdSiècle avant JC. Ses principes ont été fondés et pratiqués par des personnages historiques comme Epictète, Sénèque et Marc Aurèle. Et à bien des égards, le stoïcisme était une des premières approches d'une « mentalité de guerrier ». C'était tout sur la résistance mentale et sur l'apprentissage d'attendre et ensuite de vivre avec les choses qui se passent faux. En fait, beaucoup d'entre nous décrivent une personne courageuse et courageuse comme être stoïque. Alors, qu'est-ce que cela implique exactement ? Le pouvoir du pessimisme Si nous disons à quelqu'un que nous

15

pensons que les choses ne se passeront pas comme nous l'espérions, alors ils nous diront souvent que nous devons être « plus optimistes ». Il y a même une chanson qui nous dit de « accentuer le positif » et « éliminer Le négatif'. Le consensus général est clair : être positif est une bonne chose et être n'importe quoi autre que positif est inacceptable. Mais est-ce vraiment la meilleure façon pour nous d'aborder nos problèmes ? Ou est-ce peut-être vraiment assez dommage d'être constamment aveuglé par l'optimisme ? Cela nous rend-il vulnérables à la déception et potentiellement facilement pris au dépourvu ? On s'attend à ce que la vie soit constamment « du soleil et des arcs-en-ciel ». Exactement le contraire d'un état d'esprit guerrier ? Un guerrier n'accepterait-il pas et n'accepterait-il pas le fait que la vie va être dure ? Et puis s'endurcir pour y faire face ? C'est du moins le point de vue des stoïciens et quand on approfondit un peu la philosophie, vous constaterez peut-être qu'ils constituent en fait de très bons arguments en faveur du pessimisme. Les idées centrales du stoïcisme L'essentiel du stoïcisme n'est pas essayer de « exclure » la négativité et prétendre que de mauvaises choses n'arrivent pas mais plutôt à embrasser et même de l'utiliser comme un outil. Espoir, selon les stoïciens, est l'ennemi, précisément parce qu'il signifie nous ne sommes pas préparés à ce que les choses tournent mal et nous risquons d'être déçus. Au lieu de cela, le stoïcisme prône la notion de réalisme brut – de reconnaissance des aspects négatifs aspects de la vie et accepter qu'une grande partie de ce qui se passe est hors de notre contrôle et est ce ne sera probablement pas très agréable ! Utiliser le stoïcisme dans votre propre vie Cela peut ne pas sembler particulièrement position utile pour affronter les choses, mais ensuite c'est parce que la plupart d'entre nous sont hautement qualifiés à n'accepter que des points de vue positifs. C'est l'idée générale d'innombrables efforts personnels des livres et même des films hollywoodiens. Rêvez grand et vous pouvez obtenir ce que vous voulez ! En fait, c'est à peu près la force motrice derrière capitalisme. Mais les stoïciens adoptent une approche opposée. Ils se préparent à la tempête. Ils apprennent à profiter de la vie même quand les choses ne vont pas leur chemin et ils reconnaissent les difficultés comme un défi et une opportunité de croissance. Quand tu traverses la vie en te sentant intitulé à tout ce qui se passe comme tu veux, comment peux-tu tu espérais être heureux ? Et comment peut-on s'attendre à ce que vous soyez confronté à des défis vraiment difficile ? Alors, en quoi le rejet de cette positivité incessante peut-il aider ? Comment postuler pratiquement du stoïcisme dans votre propre vie ? Visualisation négative Une suggestion du stoïcisme est quelque chose « visualisation négative » – l'idée que vous vos peurs plutôt que vos objectifs. Au lieu de cela, o les choses se passent parfaitement comme prévu, à la place, pic au pire. Imaginez comment votre pl et imaginez à quoi ressemblerait la vie si tout était les craintes sont devenues réalité. Cela a pour but de vous aider d'abord à vous préparer aux pires scénarios. Une fois vous savez à quoi ressemblent réellement vos peurs, vous pouvez alors réfléchir à la façon dont vous le feriez faire face à ce scénario. Souvent, vous constaterez que ce pire scénario n'est pas aussi grave que vous pensiez au début que ce serait le cas. Et dans d'autres cas, vous constaterez que vous pouvez réellement trouver des moyens de faire face à cette situation. Cela supprime les peurs qui pourraient autrement vous retenir et veut dire que tu ne l'es pas ignorer aveuglément ce qui pourrait mal tourner. Si cela vous semble familier, c'est parce que c'est précisément le même concept qui a aidé Tim Ferriss pour proposer sa technique de réglage de la peur. Contentez-vous du tarif le plus maigre et le moins cher Dans une de ses lettres à Lucilius, Sénèque dit : Prévoyez un certain nombre de jours, pendant dont vous vous contenterez du tarif le plus rare et le moins cher, avec des prix grossiers et une robe grossière, en te disant le tandis que : est-ce la condition que je craignais ? L'idée générale ici est que vous ne devez pas seulement visualiser votre pire scénario, mais essaye aussi vieil. Cela pourrait signifier passer une semaine à vivre avec le salaire minimum, cela pourrait même signifier dormir dans la rue. Dans les deux cas, cela vous apprend non seulement que vous pouvez gérer vos pires peurs – et vous avez donc moins de raisons d'avoir peur – mais aussi que ce n'est pas le cas besoin possessions matérielles pour être heureux. C'est en fait quelque chose qu'il est très important de cultiver. Cela demande une grande discipline vous séparer de vos biens et de vos biens, mais le résultat est la liberté de la peur et aussi de nombreuses restrictions physiques. Si vous êtes accablé par les biens et vos affaires, vous ne pourrez alors pas déménager librement chez vous. Vous passerez beaucoup de passer du temps à nettoyer et à s'occuper des choses quine pas vous aider à atteindre vos objectifs. Et en fin de compte, vous aurez bien plus à craindre. Plus vous possédez, plus vous devez perdre. Cela crée un sentiment de peur. Alors, essayez de désencombrer et de vivre une vie plus ciblée et minimaliste. Tout au moins, apprenez à vous détacher des biens physiques et rappelez-vous qu'ils sont en fait, « juste des choses ». Ils sont un moyen pour parvenir à une fin et si vous devez les sacrifier, alors soyez-il. Vendre votre téléviseur grand écran ou refuser des vacances pour rembourser vos dettes ou payer pour les frais de scolarité de votre enfant – ce sont des choix de guerrier. Portez des vêtements laids… Un autre geste stoïque classique consiste à porter des vêtements « moches » pour apprendre soi-même il ne faut pas avoir honte. Les gens pourraient regarder vous, mais cela vous apprendra simplement qu'il ce que pensent les autres n'a pas d'importance du tout – simplement quoi tu penses. C'est un aspect important du guerrier état d'esprit : se soucier de ce que pensent les autres vous rend vulnérable à la pression des pairs et à la vanité. Parfois, pour faire ce qui doit être fait, vous devez être prêt à sacrifier votre réputation. Tout comme dans notre exemple sur l'aveu d'avoir cassé le vase… Préparez-vous au pire Les stoïciens soutiennent que nous maudissons quand nous sommes en

17

colère et que cette colère est la nôtre échouer – notre propre stupidité. Pensez à la dernière fois où vous avez juré avec colère. Il y a de fortes chances que ce ne soit pas le cas parce qu'il a plu ou parce que tu as trouvé tu étais endetté. Plus probablement, c'était parce que tu as laissé tomber quelque chose sur ton orteil, ou parce que tu as cassé ton favori possession. Le fait est que la colère vient du surprendre, pas la déception. Toi ne jurez pas quand il pleut car vous savez que la pluie est une possibilité. Par conséquent, si vous êtes en colère, cela suggère que vous ne vous attendiez pas à quoi que ce soit. Cela vous est arrivé et c'est sans doute ta propre faute. Si tu acceptes ces mauvaises choses arriver et si vous acceptez que parfois les choses ne se passent pas comme prévu, alors vous ne devrez pas besoin de vous mettre en colère – car vous en aurez pris en compte et préparé mentalement pour ça. Désormais, lorsque votre partenaire vous trompe ou lorsqu'un fournisseur de services ne vous fournit pas un bon service, vous le considérerez comme faisant simplement partie de la vie – tout comme la pluie. Contrôlez votre réaction Le stoïcisme signifie se soumettre au fait que vous avez peu ou pas de contrôle sur la réalité. Mais en même temps, cela signifie aussi se consoler en sachant que ces personnes extérieures les facteurs ne peuvent pas vous nuire – seule votre réaction le peut. Vous ne pouvez pas contrôler ce qui arrive toi mais tu peux contrôler quoi toi faites de cet événement et du vôtre interprétation de celui-ci. Être mentalement préparé pour les choses qui pourraient se passer tort en est un bon exemple dans action. De la même manière, vous pourriez aussi simplement décider de ne pas laisser les choses vous affectent – pour prendre du recul eux et de faire face aux conséquences plutôt que de se débattre contre des choses qui vous ne pouvez pas changer. C'est quelque chose que nous aborderons de plus près dans les prochains mois. Chapitres : la pleine conscience et la capacité de décider comment toi je veux réagir aux choses se passe autour de vous. Mais simplement en vous rappelant que des choses difficiles arrivent et que c'est votre travail de les gérer. Eux, tu devrais découvrir que tu peux En fait, je pense que Rocky Balboa est l'un des grands stoïques modernes – et l'un de ses des citations célèbres plus récentes résument les idées de Sénèque et de Marc Aurèle à la perfection : Le monde n'est pas que soleil et arcs-en-ciel. C'est un endroit très méchant et méchant... et peu m'importe à quel point tu es dur, ça te mettra à genoux et te gardera vous y êtes en permanence, si vous le permettez. Toi, moi ou personne, va frapper aussi fort que vie. Mais ce n'est pas la force avec laquelle vous frappez... Il s'agit de la force avec laquelle vous pouvez être frappé, et continue d'avancer... combien tu peux prendre, et continue d'avancer avant. C'est comme ça qu'on gagne. Voici une citation tirée d'un livre de fiction écrit il y a plusieurs années. Cette ligne a été prononcée par un personnage imprudent dans l'histoire et n'a jamais été censé avoir beaucoup de poids. Mais je J'ai découvert qu'en y réfléchissant, c'était en fait étonnamment vrai :

Ceux qui craignent la mort craignent la vie. Il est vrai que si vous vivez dans la peur de la mort, vous serez alors en permanence prudent. Vous ne prendrez pas de risques et vous ne vivrez donc pas pleinement votre vie. Alors, quelle est la solution ? Est-ce que nous mettons la mort « hors de notre esprit ». Non : il vaudrait mieux acceptez-le et, de manière stoïque, acceptez-le simplement comme une réalité. Et ça reflète la façon dont les samouraïs aborderaient également leur vie. Voici une citation du samouraï d'Edo Daido ji Yuzan, que l'on retrouve dans le livre Code du Samouraï : Celui qui est un samouraï doit avant tout garder constamment à l'esprit… le fait qu'il doit mourir. S'il en est toujours conscient, il pourra vivre dans conformément aux voies de la loyauté et du devoir filial, évitera des myriades de maux et l'adversité, se garder à l'abri des maladies et des calamités et en outre profiter Une longue vie. Il sera également une belle personnalité dotée de nombreuses qualités admirables. Pour l'existence est éphémère comme la rosée du soir et la gelée blanche du matin, et la vie du guerrier est particulièrement incertaine… N'oubliez pas vos objectifs et votre vision. Travaillez vers eux. Tenez-vous en à votre code. Essayez de faites une différence et concentrez-vous sur ce que vous laissez derrière vous. Cela pourrait signifier protéger votre famille, même si cela implique de vous mettre en danger ou de prendre des risques. Chances afin de poursuivre un objectif plus grand.

Chapitre 5 : Esprit de croissance

Dans le dernier chapitre, nous avons examiné l'importance de surmonter la peur, même surmonter une peur de la mort. Et de même, il est tout aussi important être prêt à être mal à l'aise et expérimenter de petites quantités de épreuves. Comment perdre du poids si vous avez peur de suivre un régime ? Comment pouvez-vous espérer progresser dans votre carrière si vous évitez de travailler dur ? Mais c'est la réalité pour beaucoup d'entre nous. Nous ne sommes tout simplement pas disposés à faire des choses que nous ne faisons pas envie de faire, ou de supporter des moments difficiles. Nous sommes devenus extrêmement faibles et c'est qui finit par nous rendre malheureux.

Pourquoi nous sommes devenus faibles

Considérez votre chien et comparez-le à un loup (si vous ne possédez pas de chien, envisagez-en un Vous savez). Regardez les différences. Votre chien est peut-être affectueux, loyal et amusant, mais il dépend entièrement de vous. Il ne survivrait pas à une journée dans la nature et ce n'est certainement pas un guerrier comme le loup. Pourquoi pas ? Parce qu'il a été domestiqué. Et ça, mon ami, c'est aussi ton problème. Nous sommes non seulement devenus domestiqués, mais nous sommes aussi devenus paresseux, gâtés et trop gâté. Dans la société moderne, tout est jetable, tout vient facilement et nous n'avons jamais besoin d'attendre. Affamé ? Commander un repas à emporter. Il sera chez vous dans cinq minutes et il sera emballé avec du sel et du sucre pour ressentir une poussée d'hormones de récompense. Corné ? Regardez du porno. Ennuyé ? Allumez la télé et riez de quelqu'un qui tombe. Besoin d'informations ? Demandez simplement à Siri. Envie d'être en meilleure forme ? Naah, cela semble demander beaucoup d'efforts. Être si constamment adonnés à tout ce que nous voulons signifie que nous trouvons cela plus difficile que jamais à faire des efforts lorsque cela est nécessaire. Pourquoi serions-nous faisons des efforts quand nous le pouvons en avoir autant, si facilement ? Et de même, lorsque nous sommes habitués à obtenir ce que nous voulons, nous nous sentons absolument désemparé lorsque la douche ne chauffe pas correctement. Et voici le problème : dans la nature, vous auriez seulement j'avais de l'eau froide pour me laver. Pour manger, il aurait fallu chasser ou se nourrir sous la pluie tout en évitant les prédateurs. Vous pourriez être tellement plus fort et tellement plus dur – mentalement et physiquement. Mais comme nous le sommes, nous sommes gros, paresseux et peu motivés.

Comment devenir dur ?

Alors, dans cet esprit, comment faire pour devenir dur ? La première chose que vous devez faire est d'essayer de vivre avec moins. Nous en avons discuté déjà dans notre article sur le stoïcisme, mais voyager est un moyen fantastique d'accomplir l'état d'esprit guerrier. Cela signifie voyager et rester auberges, ne réservant pas d'hôtels la nuit avant, je ne prenais que quelques vêtements. J'ai moi-même fait quelques voyages comme celui-ci. J'ai fait un voyage en Europe et je n'ai pris qu'un sac à dos pour m'en sortir. Je me souviens avoir été allongé dans une gare en Pologne, neige, incapable de lire les panneaux (malgré mon héritage polonais) et ne sachant pas quand le prochain train arriverait. Ou même où j'étais ! C'était avant l'itinérance des données ou 3G, donc c'était également hors de question. Ensuite, j'ai trouvé un petit café et j'ai réussi à commander du thé – avec du lait plutôt que du thé. Avec un citron comme les Polonais en boivent généralement. Vous savez quoi ? J'ai vraiment ressenti du bonheur en buvant dans cette tasse en polystyrène. J'ai apprécié le thé tellement parce que ça faisait si longtemps et parce que j'avais si froid. Aujourd'hui, je demande souvent mon thé dans des tasses en polystyrène alors que c'est une option car ça envoie je reviens à ce moment. Et c'est ce qu'on réalise quand on s'oblige à s'en passer : on apprend que les petites choses peuvent vous apporter beaucoup de joie. Qu'il y a de la récompense et du bonheur à être trouvé à chaque instant. Tu ne le fais pas besoin tout se passe parfaitement. Et en fait, quand les choses tournent mal, cela crée des histoires et vous aide à devenir plus fort.

Mentalité de croissance

Et c'est en fait un point clé : garder un état d'esprit de croissance à tout moment. Chaque le défi qui se présente à vous est une chance de devenir plus fort, plus intelligent et mieux. En faisant face à ces difficultés, votre vie à un plus grand but (la vie est cela n'a aucun sens quand c'est facile) et vous devenir mieux équipés pour relever des défis similaires à l'avenir. Alors, la prochaine fois que vous vous retrouverez endetté, au lieu de vous laisser vaincre, voyez cela comme un défi. Comment pouvez-vous gagner l'argent dont vous avez besoin pour en sortir ? Comment peux-tu devenir mieux ? Ne vous complétez pas dans le stress ou l'anxiété – cela n'aide personne. Considérez cela comme une chance de grandir et pour éviter que cela ne se reproduise et prendre les mesures nécessaires. Ne t'inquiète pas pour à quoi cela ressemble aux autres, ne vous blâmez pas de vous laisser entrer dans cette situation avant. Agissez simplement. Et en tirer des leçons. Tu n'étais pas assez bien avant mais maintenant tu ça va être mieux. En fait, la croissance et les défis sont des choses que le cerveau câblé pour. Nous prospérer lorsque nous sommes confrontés à des défis mentaux et physiques et que cela se traduit par la production de des hormones comme la dopamine, le facteur neurotrophique dérivé du cerveau et bien d'autres qui nous maintiennent ciblés et qui aident à protéger notre cerveau jusqu'à un âge avancé. Non seulement vous devez accepter les défis qui se présentent, mais vous devez les rechercher. Pendant les « temps de paix », vous devez vous préparer au combat en apprenant (en lisant des livres, adopter de nouvelles compétences) et en entraînant votre corps.

Chapitre 6 : Outils pour la croissance et la résilience

Nous avons beaucoup parlé de la façon dont la mentalité du guerrier implique une plus grande résilience, plus grande patience, calme et la force. Mais la vraie question est comment en arriver là. Comment peux-tu gagner cet état d'esprit de guerrier ? J'espère que vous comprenez maintenant quel est l'état d'esprit du guerrier. Est-ce que cela signifie dans un contexte plus large mais comment surmonter ses faiblesses et son envie de manger gâteau, pour se détendre et choisir la facilité ? Voici quelques outils puissants qui vous aideront à grandir et à devenir plus fort.

Méditation

La méditation est un must absolu pour un guerrier moderne. C'est l'un des seuls les outils les plus puissants pour transformer votre état d'esprit et pour vous avoir donné la résilience, la rusticité et le sentiment de calme dont vous avez besoin de choisir comment vous réagissez à vos émotions et sentiments. La méditation est simplement la pratique de concentrer son esprit, de vider son cerveau de pensées et d'apprendre à éviter les idées et les impulsions distrayantes. Cela prend beaucoup discipline mentale et en ce sens, c'est un outil parfait pour entraînement cette discipline. Vraiment, concentration est discipline ! De plus, la méditation vous apprend à vous distraire de vos angoisses, de vos envies et vos envies. La méditation de pleine conscience vous apprend à laisser vos pensées dériver sans vous affecter, tandis que le transcendantal vide complètement votre esprit. C'est un excellent moyen de calmer votre physiologie lorsque vous êtes stressé ou excité et de prendre dos contrôle sur vos pensées et vos actions. Ceux qui méditent sont plus calmes et moins facilement agacés, ce qui leur permet d'agir de la manière la plus réfléchie et la plus efficace possible. Enfin, la méditation est un excellent moyen de se ressourcer et de gagner plus d'énergie, ce qui vous permet à son tour d'exécuter vos plans. Seinfeld attribue à la méditation le fait de lui avoir fourni une énergie infinie. Il dit qu'il serait probablement encore en train de faire le spectacle et ne se serait pas épuisé s'il avait déjà MT régulièrement pratiquée (méditation transcendantale) : Je me lève à 6h du matin Mes enfants se lèvent vers 6h45 Et donc je fais la MT avant tout le monde comprend. Et qu'est-ce que ça fait ? Cela ne ressemble à rien. Je ne le comprendre. Mais voici la différence. A 13 heures ce jour-là, ma tête ne tourne plus frappez les platines comme avant. C'est la différence. Si je n'avais pas fait ça en TM matin et je travaille, puis à 13 heures, je suis abattu, et je pense que la plupart des gens le sont. Et maintenant, à 13 heures, je me sens bien. Je navigue juste toute la journée, et puis je j'ai ma deuxième MT à 15h ou 16h

Respiration correcte

Un autre outil que vous pouvez utiliser pour retrouver votre calmez-vous et entrez dans l'état d'esprit du guerrier à volonté est une respiration correcte. Cela signifie respiration abdominale, respiration de votre diaphragme en premier et en respirant profondément. Cela calme votre système nerveux et met vous dans l'état de repos et de digestion, c'est le moyen idéal pour surmonter l'anxiété.

Douches froides

Les douches froides augmentent votre métabolisme, elles vous aident à produire plus de testostérone et ils provoquer une inondation ou de l'adrénaline. Ils peuvent effectivement renforcez également votre système immunitaire. En d'autres mots, ils sont en fait bons pour vous et une excellente façon de commencer votre journée. Mais en même temps, ils font mal et ils sont nuls. C'est un choc terrible pour le système et c'est la dernière chose que vous voulez faire. Lequel est précisément pourquoi il est idéal pour votre entraînement de guerrier. Prendre des douches froides nécessite une discipline mentale incroyable et si vous pouvez vous forcer à le faire à chaque fois jour, alors vous pouvez réaliser à peu près tout. Et comme fait amusant, Hugh Jackman a déclaré qu'il utilisait des douches froides pour entrer dans l'esprit de Wolverine pour les films X-Men. Maintenant, il y a un guerrier que tu pourrais permettez-vous d'être plus comme ça !

Musculation et arts martiaux

Qu'est-ce que tous les guerriers traversent l'histoire a-t-elle un point commun ? Ils ne sont pas seulement forts mentalement – bien que cela ait été l'objet de ce livre – ils sont aussi physiquement difficile. C'est très important parce que la force physique vous donne le la force, la détermination et le pouvoir de soyez confiant et prenez position lorsque vous faire devez-vous battre pour vos valeurs. Il est important lorsque cela est possible de ne pas se battre mais effectivement d'être redoutable physiquement vous aidera à éviter le besoin de combattre. Non seulement cela, mais cela vous donnera la possibilité de protéger ceux que vous aimez. Et les arts martiaux et l'haltérophilie vous aideront à grandir tout en vous inculquant super auto discipline. Pour augmenter vos chances de réussir votre voyage, rejoignez un art martial et essayez d'aller au gymnase 3 ou 4 fois par semaine. Comme le disait Socrate : Aucun homme n'a le droit d'être un amateur en matière d'entraînement physique. C'est dommage qu'un homme vieillisse sans voir la beauté et la force de dont son corps est capable.

Chapitre 7 : Application des principes du guerrier classique aux affaires et à la vie

J'ai toujours pensé que c'était quelque chose de déclaration de mode pour les hommes d'affaires et les femmes de porter des copies de L'art de guerre par Sun Tsu. J'ai compris leur prétendre que c'était pertinent pour les affaires stratégie et que bon nombre des idées sont toujours d'actualité, mais tout cela semblait un peu fantaisiste pour moi. Plutôt vanité et pose ! Comment un millénaire pourrait-il Le traité serait-il vraiment pertinent pour le monde actuel des ordinateurs et des téléphones portables ? C'était jusqu'à ce que je commence à pratiquer l'état d'esprit du guerrier et que je réalise rapidement qu'il en fait très pertinent. Bien sûr, cela ne vous apprendra pas à utiliser MS Word, mais en termes de marketing, leadership et gestion des ressources, cela reste très utile. Ces les idées et les suggestions sont intemporelles et peuvent être appliquées dans des situations presque illimitées. Regardez les choses de cette façon, si les conseils sont suffisamment bons pour vous aider à gagner des guerres avec des épées et des flèches, alors cela peut sûrement vous aider à faire arrêter Bill de la comptabilité se plaindre. Dans cet esprit, je présente certaines des meilleures citations et leçons du livre qui vous pouvez l'emmener avec vous au bureau et chez nous pour inspirer plus de fidélité et de productivité. Et juste pour faire bonne mesure, j'ai ajouté du Machiavel ; qui a écrit Le prince comme un manuel d'instructions pour un prince italien qui l'aiderait à devenir un dirigeant efficace un jour. Ce sont tous deux des textes destinés aux guerriers et aux rois historiques et pourtant ils sont convoités par des professionnels des affaires, des gourous des relations et plus encore. C'est le parfait exemple de pourquoi la mentalité guerrière est toujours d'actualité aujourd'hui et vous verrez que les sentiments cela fait écho à une grande partie de ce dont nous avons déjà discuté.

Leçons de l'art de la guerre

Il n'existe aucun exemple d'une nation bénéficiant d'une guerre prolongée En d'autres termes, si vous êtes en désaccord avec un concurrent ou un collègue alors une lutte prolongée ne fera que servir à endommager les deux de toi. C'est appelé une « victoire à la Pyrrhus » – une expression ça vient d'une autre célèbre bataille historique. À la fin, même si tu gagnes, tu auras endommagé ta réputation et gaspillé vos ressources pour qu'il ne vous reste plus qu'un verre à la Pyrrhus La victoire. Au lieu de cela, voyez si vous ne pouvez pas transformer un adversaire en allié et trouver un moyen que vous pouvez tous les deux en bénéficier. N'oubliez pas que le guerrier choisit judicieusement ses batailles. La mentalité du guerrier n'est pas d'être agressif et réactionnaire. Il s'agit d'être équilibré, de pardonner et assez puissant pour pas besoin lever le petit doigt. Cela explique alors une autre citation de Sun Tsu : l'art suprême de la guerre est de soumettre l'ennemi sans combattre. C'est très pertinent pour les guerriers modernes – plus vrai maintenant que jamais auparavant. Les opportunités se multiplient lorsqu'elles sont saisies Si vous vouliez un exemple de la manière dont l'art de la guerre peut s'appliquer directement aux entreprises, alors Ça y est. Combien plus parfaitement pourriez-vous souhaiter que cela décrive le processus de faire des investissements ? Il faut dépenser pour accumuler ! Rappelez-vous comment Arnie a choisi la musculation comme voie et tremplin vers une plus grande succès ? De la même manière, vous pouvez choisir judicieusement afin d'obtenir des résultats incroyables. Des points de départ simples. Connaissez l'ennemi et connaissez-vous vous-même ; en cent batailles, vous ne serez jamais en péril. Il s'agit là d'une question évidente qui souligne l'importance de faire des recherches sur le marché, et en examinant vos propres commentaires afin de vous assurer que vous êtes mieux préparé pour affronter la concurrence. Au cas où vous pensiez que Sun Tsu ne faisait que passer sous silence des évidences points bien qu'il continue en développant : Quand tu ignores l'ennemi, mais que tu sais vous-même, vos chances de gagner ou de perdre sont égales. Si vous ignorez à la fois votre ennemi et vous-même, vous êtes certain d'être en péril dans chaque bataille. En dehors du bureau, nous avons déjà évoqué comment se connaître vous permettra pour former vos propres règles et vos propres buts et objectifs. Le général qui avance sans convoiter la gloire et recule sans crainte honte, dont la seule pensée est de protéger son pays et de rendre de bons services à son souverain, est le joyau du royaume. C'est le genre d'employé que vous recherchez : gardez un œil sur ceux qui apportent trop ego au travail. C'est le genre d'employé que vous devez être. Et cela parfaitement fait écho au point de vue de Sénèque sur le fait de vivre avec moins plus tôt. N'oubliez pas que dans ce cas, vous ne servez pas votre pays ou votre souverain, mais le plus haut le but et les valeurs qui vous avez choisi vous-même. Les guerriers victorieux gagnent d'abord puis partent en guerre, tandis que les guerriers vaincus partent en guerre. D'abord, puis cherchez à gagner. La planification est tout. Avant de commercialiser votre produit ou service, votre le succès ou l'échec est une fatalité - alors assurez-vous d'avoir tâté le terrain et fait des recherches approfondies. Et encore une fois, cela témoigne de la nature calme et calculée du guerrier – le guerrier ne se précipite pas à corps perdu, malgré sa maîtrise de sa peur.

Leçons du prince

Celui qui désire un succès constant doit changer sa conduite avec le temps. Ceci est particulièrement important à noter si vous dirigez une grande organisation et êtes dans danger de se reposer sur ses lauriers. Être avoir une longueur d'avance à tout moment si tu veux éviter le même sort que Kodak. Cela fait écho aux sentiments que nous discuté plus tôt également, de la volonté de changement vos principes et adaptez-vous là où nécessaire. Mais cela devrait venir de l'intérieur et non de l'extérieur. Les hommes doivent être bien traités ou écrasés, car ils peuvent se venger de des blessures plus légères, mais pas des blessures plus graves. « Écraser » vos adversaires et vos employés n'est peut-être pas encouragé dans le domaine des affaires éthiques (ce qui est intéressant, Sun Tsu est en fait beaucoup plus pacifiste que Machiavel) mais le fait est toujours valable - ne vous faites pas d'ennemis, puis laissez-leur le temps de panser leurs blessures. Dans la mesure du possible, le guerrier doit éviter le combat et l'affrontement. Ils devraient cherchez à plaire à tout le monde et à trouver le résultat le plus mutuellement bénéfique. Cependant, si vous décidez de vous engager dans une compétition ou un combat, alors vous devez agir avec finalité. Le sage fait tout de suite ce que le fou finit par faire. C'est-à-dire que le temps, c'est de l'argent et l'indécision est une recette pour l'échec. Les entrepreneurs sont simplement ceux qui comprennent qu'il y a peu de différence entre obstacle et opportunité et sont capables de tourner les deux à leur avantage. C'est beaucoup plus littéral que vous ne le pensez. Ouvrir facilement une boîte de haricots : défi ou opportunité ? Ceci est similaire aux idées dont nous avons discuté plus tôt concernant la visualisation défi comme une chance de croissance. Et comme c'est fou de penser que Machiavel pourrait ont eu des conseils si pertinents et utiles pour moderne entrepreneurs. Une preuve supplémentaire que l'état d'esprit guerrier est intemporel et tout aussi important aujourd'hui que jamais auparavant. Tout peut être abordé en tant que guerrier. Je recommande fortement la lecture de ces livres dans le cadre de votre évolution et de votre voyage pour devenir la meilleure version de vous-même. Ils appartiennent à la liste de lecture de tout guerrier.

Chapitre 8 : Conclusion – Emprunter un chemin plus difficile

Nous arrivons maintenant à la fin de notre voyage ensemble, mais le vôtre ne fait que commencer. S'est-il est temps de commencer à vous montrer, à vous tester, à grandir, à affronter défis et décider de ce qui est important pour vous. Il est temps d'arrêter de s'inquiéter des petits trucs, cesser le confort de la créature et adopter une vie plus stimulante et une vie exigeante – parce que c'est de là que vient la valeur et c'est ce qui te rend génial. Mais un mot d'avertissement avant de partir : cela va être difficile. Vous constaterez parfois que, en faisant ce qu'il faut et en ignorant votre une réponse émotionnelle signifie dire des choses que les gens n'aiment pas. S'en tenir à vos principes signifierait bouleverser le panier de pommes. Oublier à quoi vous ressemblez vous amènera parfois à être boudé. Oublier les biens physiques vous laissera parfois un sentiment de dénuement. Mais si vous vous connaissez vraiment, si vous connaissez vos objectifs, vous savez ce que vous voulez et vous connaissez les principes selon lesquels vous voulez vivre… alors vous saurez les bonnes choses pour faites et vous devriez avoir la force de les faire. Et cela signifie vivre avec les conséquences. Et c'est la dernière leçon que je veux vous transmettre : soyez prêt à affronter la musique. Être prêt à vous exposer, à prendre des risques, puis à affronter les critiques qui vous arrivent sur votre chemin. Tout cela fait suite aux leçons sur le stoïcisme, le minimalisme et la peur que nous avons déjà envisagée. Mais c'est très important. Dès que vous apprenez que parfois vous vous trompez – et que vous acceptez et apprenez à gérer le résultat – vous constaterez que vous devenez un acteur plus décisif et plus individu plus efficace. Les gens qui ont peur de faire le mauvais choix et qui ne veulent pas s'énerver personne ne pourra jamais prendre de décisions. Ils seront toujours sur la clôture et ils manqueront de conviction. Ce n'est pas toi. Vous êtes un guerrier et cela signifie que vous devez suivre votre propre chemin et faire face aux conséquences en tant qu'adulte mature. Vous demanderez pardon et non la permission. Et si vous ne comprenez pas ? Tant que tu as fait ce qui était bien pour toi, alors vous continuez quand même.
Vous êtes le guerrier.

www.ingramcontent.com/pod-product-compliance
Lightning Source LLC
Chambersburg PA
CBHW072344270726
48659CB00023B/2371